ÉLOGE

DE GERBIER

BARREAU DE PARIS

ÉLOGE
DE GERBIER

DISCOURS

PRONONCÉ

A L'OUVERTURE DE LA CONFÉRENCE DES AVOCATS

Le samedi 12 décembre 1874

PAR

HENRI THIÉBLIN

Avocat à la cour d'appel de Paris

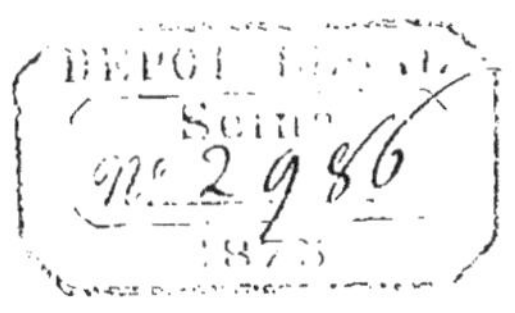

PARIS

TYPOGRAPHIE DE E. PLON et Cie

RUE GARANCIÈRE, 10

1875

ÉLOGE

DE GERBIER

Monsieur le Batonnier,
Messieurs et chers Confrères,

Lorsque, fidèles au culte de nos grands hommes, nous honorons leur mémoire, en racontant devant vous leur vie, leurs travaux, leurs triomphes, ce ne sont pas seulement des enseignements élevés et une noble émulation que nous venons demander à ces récits et à ces souvenirs, c'est un devoir que nous remplissons, c'est la dette sacrée de la reconnaissance que nous nous efforçons d'acquitter envers eux. Quelle destinée singulière que celle de l'avocat! Livré, pendant toute sa vie, à un travail incessant; sacrifiant à la défense des intérêts d'autrui son temps, son repos, sa santé; ne recueillant trop souvent, pour prix de son dévouement et de son zèle, que l'ingratitude de ceux qu'il a défendus, la haine de ses adversaires, les calomnies du public; peut-il du moins espérer que cette gloire si chèrement acquise, ce nom, pour l'honneur duquel il s'est imposé tant de veilles et tant de sacrifices, lui survivront dans la mémoire des hommes? L'artiste, l'écrivain laissent après eux une œuvre dans laquelle leur génie s'est incarné; le temps la respectera et assurera à leur renommée une jeunesse éternelle. L'orateur politique a lié son nom aux grands événements de son siècle; l'histoire le sauvera de l'oubli. Mais l'orateur du barreau! Il a charmé, ébloui, transporté d'enthousiasme ses confrères, les magistrats, tout un public d'élite qui s'empressait pour l'entendre, comme on court à une fête de l'esprit. Son nom était répété partout, sa gloire était éclatante, sa renommée paraissait impérissable. Que reste-t-il de lui? Des souvenirs, destinés à périr à leur tour avec ceux qui en sont les dépositaires. Son œuvre était toute personnelle; elle était lui-même; elle est morte avec lui. Ne demandez pas même à l'histoire de conserver son nom : l'histoire s'attarde-t-elle à enregistrer ces querelles privées qui ont tant passionné les contemporains, mais qui ne sauraient exercer sur la marche des événements qu'une influence lointaine et, pour ainsi dire, insensible?

Eh quoi! faudra-t-il donc qu'après avoir tant lutté pour conquérir la gloire, la plus noble récompense de nos travaux, nous consentions qu'elle s'éteigne avec nous, et devrons-nous, seuls parmi les disciples de l'art, étouffer dans notre âme cet instinctif besoin, cette sublime ambition de l'immortalité? Non, Messieurs; nous conservons pieusement au milieu de nous la mémoire de tous ces beaux et rares talents qui nous appartiennent, qui sont notre patrimoine et notre richesse. Nous avons nos annales, dont les pages si remplies attestent la vitalité merveilleuse et l'inépuisable fécondité de notre ordre. Quel nom mérite davantage d'y être inscrit que celui de Gerbier, le dernier et le plus illustre représentant de l'éloquence parlementaire!... Ses contemporains ont épuisé pour lui les formules de l'admiration; d'une voix unanime, ils l'ont proclamé l'aigle du barreau, à une époque où le barreau abondait en hommes supérieurs, où l'éloquence judiciaire avait atteint son plus haut degré de perfection. Il ne nous avait laissé, pour attester la vérité de ces éloges enthousiastes, que des notes d'audience et quelques lambeaux de plaidoyers. Les incendies de la Commune ont détruit jusqu'à ces reliques de notre grand Gerbier. Mais sa mémoire est à l'abri des injures du temps; son nom sera à jamais célèbre parmi nous, sans autre témoignage que celui de son siècle et de sa renommée.

Rendons-lui donc aujourd'hui l'hommage solennel de notre admiration. Retraçons cette glorieuse existence, tout entière consacrée au travail et à la défense des plus grandes

causes, s'écoulant d'abord paisiblement au milieu de succès toujours croissants et d'une gloire dont rien n'obscur-
cissait l'éclat, puis traversée par d'orageux événements;
une révolution sans précédent accomplie au sein de la
magistrature, le parlement renversé, le palais boule-
versé dans ses plus antiques fondements, le barreau
incertain du parti qu'il doit prendre, divisé par des
haines violentes; une réaction sans mesure, Gerbier
calomnié, persécuté, obligé de quitter la robe et de
s'éloigner du palais, y revenant enfin pour y remporter
de nouveaux triomphes et mourant dans les honneurs du
bâtonnat, entouré de ses confrères réconciliés avec lui,
à la veille de la destruction de notre ordre et de toute
l'ancienne société française. Cette vie, c'est l'histoire
même du barreau pendant la seconde moitié du dix-
huitième siècle, pendant la crise orageuse qui amena la
révolution de 1789.

Pierre-Jean-Baptiste GERBIER DE LA MASSILLAYE est né à
Rennes le 30 juin 1725. Son père, avocat distingué au parlement de Bretagne, donna les plus grands soins à son éducation. Ne voulant pas le livrer, même dans son enfance,
à des précepteurs vulgaires, il fit venir exprès de Hollande
des hommes instruits auxquels il le confia pendant ses premières années. Lorsqu'il le jugea assez avancé, il l'en-

voya terminer ses classes à Paris, au collége de Beauvais.
Cochin, qui était alors dans tout l'éclat de sa gloire, et
dont Gerbier devait bientôt recueillir l'héritage au barreau de Paris, y avait fait ses études sous la direction de
Rollin. Lorsque Gerbier y fut placé, Rollin, suspect de
jansénisme, venait d'être enlevé subitement à l'affection
de ses élèves; mais les traditions de son enseignement
étaient toujours vivantes, et c'est là, sous deux maîtres
alors célèbres, MM. Coffin et Rivard, qu'il étudia.ces
chefs-d'œuvre des littératures grecque et romaine, si
propres à former le goût de la jeunesse, à lui inspirer
l'amour du beau, et qui seront toujours le fondement
nécessaire de toute vraie et solide éducation. Une vocation décidée le poussait vers le barreau, où plusieurs de
ses parents occupaient un rang distingué. A dix-sept ans,
il commença son droit; à vingt ans, le 5 juillet 1745,
il fut reçu avocat au parlement de Paris.

Tout présageait pour ses débuts des applaudissements
flatteurs et d'éclatants succès. Cependant son père qui
veillait sur lui avec une sollicitude si éclairée, ne lui
permit pas encore d'entrer dans la carrière. Il savait
qu'au barreau les dons naturels, si utiles qu'ils soient,
si indispensables même, ne suffisent pas pour assurer
l'avenir, et qu'une réputation qui ne serait fondée que
sur eux, ne tarderait pas à faire naufrage au milieu de
cette infinie variété d'affaires et de leurs difficultés tou-

jours croissantes. Il faut à l'avocat la science du jurisconsulte, non pas cette science d'emprunt qui ne
s'acquiert qu'au jour le jour, pour les besoins de la
cause et qui vous laisse sans défense contre l'attaque
imprévue d'un habile adversaire; mais, comme on l'a si
bien dit, cette science solide et durable, que de longues
et patientes études ont accumulée, qui est comme un
arsenal soigneusement approvisionné, d'où l'on peut tirer
à tout instant, et dans la mêlée même, les armes qui
décident du gain de la bataille.

Docile aux conseils de son père, Gerbier fit taire son
impatience, et s'imposa une retraite de huit années, qu'il
consacra à l'étude des affaires et de la législation. Coura-
geusement, il se mit à fouiller l'inextricable dédale de
nos lois et de nos coutumes. Dans cet immense ressort
du parlement de Paris, on voyait à la fois le droit cou-
tumier, le droit écrit, le droit féodal, le droit canon,
les ordonnances royales, la jurisprudence des arrêts
entrer en conflit dans d'obscures et interminables contestations, et réclamer journellement l'application de leurs
dispositions hétérogènes. Les travaux des Cujas, des Du-
moulin, des Domat, avaient, en dégageant les principes,
apporté déjà un peu d'ordre et de lumière dans ce chaos.
Mais à quel rude labeur ne devait pas se condamner le jurisconsulte pour parvenir à la complète possession de cette législation compliquée, dont toutes les branches, d'origines

si diverses, portaient l'empreinte d'un esprit si dif-
férent !

Ce travail ne fut pas perdu pour Gerbier : il lui dut,
avec la science du droit, cette logique et cette méthode
que l'on peut admirer encore aujourd'hui dans ses consultations et dans ses mémoires.

En même temps, au contact de cette société du dix-
huitième siècle, si passionnée pour l'étude des lettres,
des arts, de la philosophie, son esprit se mûrissait, son
talent se formait, sa mémoire s'enrichissait de ces con-
naissances de tous genres, qui ne sont pas moins utiles
à l'avocat que la science des lois. Armé ainsi de toutes
pièces et prêt pour le combat, Gerbier pouvait enfin
entrer en lice, et demander à la gloire la récompense
des efforts qu'il avait faits pour la mériter.

Ce fut en 1752 qu'il parut pour la première fois à la
barre. Il avait près de vingt-huit ans. Son début fit au
Palais la plus vive sensation. Guéaux de Reversaux, qui y
assistait, prédit à son jeune confrère la destinée brillante
qui l'attendait au barreau, le prit en amitié, et lui offrit
son patronage. La gloire de l'élève ne devait pas tarder à
éclipser celle du maître. Dès ce moment, en effet, toutes
les plaidoiries de Gerbier furent des triomphes. Pendant
près de quarante années, il plaida les affaires les plus
diverses : séparations de corps, nullités de testaments,
substitutions, causes bénéficiales : toujours égal à lui-

même, il fut constamment supérieur à tous ses rivaux.

Ce n'est pas que quelques-uns d'entre eux n'aient obtenu à ses côtés d'éclatants succès et conquis une répula-
tion justement méritée. Le barreau, à cette époque,
comptait dans son sein les talents les plus distingués et
les plus variés. C'étaient, parmi les avocats plaidants :
Target, l'adversaire de Gerbier dans les causes les plus
célèbres, remarquable par sa vaste érudition, son style
élégant et pur, quoique un peu emphatique, orateur
bouillant et impétueux; *Martineau*, logicien puissant, dis-
cutant avec une netteté et une vigueur admirables ; *Louis
Doulcet*, auquel son talent oratoire, sa modestie et sa
grande probité avaient concilié l'estime, non-seulement
de ses confrères, mais des magistrats et du public; *Legouvé; Caillard*, l'élève chéri de Pothier; *Hardouin de la
Reynerie*, un des avocats les plus brillants, plaidant peu,
improvisant rarement, mais déclamant avec le plus grand
art des plaidoiries travaillées avec un soin minutieux; de
Bonnière, orateur gracieux, et d'un organe enchanteur;
Linguet, qui aurait pu être l'honneur du barreau par son
alent original et la puissance étonnante de son esprit,
mais qui le déshonora par les excès de sa parole, et finit
par être rayé du tableau après une lutte scandaleuse;
Delamalle, Bonnet, Bellart, Delacroix-Frainville, qui déjà
s'étaient fait remarquer par leurs débuts heureux, et dont

les succès remplissent les annales du barreau moderne.
Enfin, parmi les avocats consultants : *de Lambon, Tron-*
chet, Doutremont, Ferey, Poirier, Henrion de Pansey, Piales,
dont les consultations savantes avaient souvent la valeur
d'un véritable traité sur la matière ; *Loiseau de Mauléon* et
Élie de Beaumont, dont la plume élégante et fleurie écrivait, dans ces affaires criminelles qui eurent un si grand
retentissement, des mémoires avidement recherchés du
public, loués par Voltaire et les philosophes, et qu'un
intérêt général et de tous les temps tirait de la classe des
plaidoyers éphémères.

Combien d'autres ne devrais-je pas citer encore, si je
voulais vous rappeler tous ceux qui, à cette époque, illus-
trèrent le barreau ! A leur tête, Gerbier nous apparaît,
comme le chef incontesté de cette phalange nombreuse et
brillante, comme le modèle accompli de tout ce que l'éloquence judiciaire peut produire de plus parfait et de plus
achevé.

Le ciel l'avait comblé de ses dons. Il lui avait donné et
ces grâces extérieures et ces qualités éminentes de l'esprit,
qui, s'adressant à la fois à la double nature de l'homme,
à ses sens comme à sa raison, s'emparent de lui tout entier, le dominent avec une force irrésistible, et le livrent
subjugué à l'orateur triomphant. D'une taille moyenne,
son attitude était pleine de noblesse. Il avait dans toute
sa personne, avec une distinction parfaite, ce charme

inexprimable qui séduit et fascine, et qui semble être le
rayonnement et le reflet d'une intelligence et d'une âme
d'élite. Ses traits accentués, son nez aquilin, sa bouche
finement sculptée, son œil enfoncé sous le sourcil, son
regard plein de feu, son front découvert, son teint brun,
ses joues creuses donnaient à sa figure un relief et un caractère, qui faisaient dire de lui, que l'aigle du barreau en
avait la physionomie. Sa voix étendue et pénétrante, d'un
timbre sonore et harmonieux, flexible et se prêtant à tous
les accents, caressait l'oreille comme une musique et re-
muait le cœur. Ajoutez cette inimitable perfection de son
geste, cette action noble, majestueuse, s'animant et s'enflammant au gré du discours, toujours sobre, toujours
juste, toujours pleine de grâce et de dignité; et enfin, au-
dessus de ces dons extérieurs, et leur communiquant la
vie, son imagination élevée, brillante, hardie, sa vive
intelligence, sa dialectique ferme et lumineuse, son
goût délicat, son âme, le véritable foyer de son éloquence,
son âme sensible, ardente, généreuse, toute remplie des
plus charmantes inspirations, se passionnant pour tout ce
qui est beau, noble, héroïque, s'indignant contre l'injustice et contre le mal, expansive et entraînante, maîtresse
des cœurs par l'émotion et par les larmes, et triomphant
des intelligences par l'ardente conviction qu'elle leur com-
munique.

  Comment, avec de telles ressources, Gerbier n'aurait-il

pas été, non-seulement le premier avocat de son époque, mais la gloire du barreau, mais l'un des premiers parmi nos orateurs français ?

Sans doute, le barreau avait compté avant lui d'illustres représentants. Lemaître et Patru, au dix-septième siècle, Cochin, au commencement du dix-huitième, avaient conquis tour à tour une éclatante renommée. Leurs noms appartiennent à l'histoire de l'éloquence judiciaire, sur le développement de laquelle ils ont exercé une influence décisive, et dont chacun d'eux représente une phase distincte, marque un pas nouveau dans la voie du progrès. Gerbier n'eut peut-être ni une imagination plus ardente, ni une plus profonde sensibilité que Lemaître, ni un goût plus exquis que Patru, ni un souffle oratoire plus puissant que Cochin ; mais, venu après eux pour profiter de leurs conquêtes et recueillir le fruit de leurs efforts, il les surpassa tous, sinon par son génie naturel, du moins par la perfection de son art.

Combien, en effet, elle avait été longue cette enfance de la plaidoirie ! Combien lente et laborieuse son éducation ! Les avocats avaient longtemps cherché, sans la rencontrer, l'éloquence qui convient aux affaires. Tout d'abord, leurs harangues sont interminables ; leur style est d'une lourdeur désespérante et d'une emphase ridicule ; la discussion est confuse ; la pensée disparaît, étouffée sous un luxe incroyable de citations ; on plaide, comme Rabelais et Racine

faisaient plaider les célèbres personnages de leurs romans
et de leurs comédies. Et cependant, au milieu de ce chaos,
quels éclairs parfois, quelle chaleur, quels mouvements !
C'est le génie français qui perce, malgré tous les obstacles,
et réclame ses droits. Peu à peu, sous l'influence du développement de la littérature, le bon goût pénètre au palais, le style s'épure, les citations disparaissent, la pensée
se condense, la discussion se serre ; mais une majesté mo-
notone, une déclamation froide et pompeuse, une recherche
précieuse du bel esprit arrêtent encore l'essor de l'éloquence. Un dernier pas reste à franchir. Il faut nettement
séparer la plaidoirie du discours académique, lui donner
les deux qualités qui lui manquent encore, la spontanéité,
le naturel, la plier à l'infinie variété des affaires, lui ap-
prendre à descendre aux plus humbles détails, sans s'abais-
ser, comme à s'élever, sans enflure, jusqu'aux inspirations
les plus sublimes. Cochin eut l'honneur d'accomplir, ou
tout au moins de préparer cette révolution oratoire, et
d'ouvrir à l'éloquence la voie qui devait, en peu de temps
et sûrement, la conduire à la perfection. Le premier, il
comprit la puissance de l'improvisation, et osa en affronter les périls. Le plus éclatant succès répondit à son auda-
cieuse tentative, et c'est au milieu des applaudissements
enthousiastes de ses contemporains qu'il inaugura les
triomphes de cette parole nouvelle, qui, au barreau, avec
Gerbier, Berryer et tant d'autres, à la tribune politique, avec

Mirabeau, Barnave, de Serre, le général Foy, allait inspirer les talents les plus divers, enfanter des chefs d'œuvre, et rendre à l'éloquence sa puissance souveraine d'autrefois.

Cochin venait à peine de mourir, après une longue et brillante carrière, quand Gerbier parut, qui, sur les traces de son illustre devancier, allait mériter une gloire plus éclatante encore, et assurer définitivement au barreau la conquête de l'improvisation.

Après une longue et minutieuse étude de l'affaire, le plan de la discussion fortement arrêté, bien pénétré de l'esprit et de tous les détails de la cause, il se présentait à la barre, quelques notes seulement sous les yeux, aussi brèves et aussi résumées que possible, et alors, s'abandonnant à son inspiration, il plaidait, libre dans ses mouvements et son allure, tout entier à l'effet de sa parole, les yeux fixés sur ses juges, lisant leurs impressions sur leur physionomie, pressant ou resserrant à son gré les développements de sa pensée. Il fallait le voir alors, dans cette antique salle de la Grand'Chambre, aux proportions grandioses, aux lambris magnifiques, aux décorations somptueuses, au milieu de toute cette pompe des audiences solennelles, debout devant le cercle imposant des présidents et des conseillers, entouré des rangs pressés de ses confrères et de tout un public silencieux accouru pour l'entendre ; grave, presque immobile d'abord et parlant avec une lenteur majestueuse, puis, s'animant par degrés, s'avançant

peu à peu dans l'intérieur de l'enceinte, la tête haute, le
front inspiré, dans toute la majesté et toute la noblesse de
son attitude, et là, seul, au milieu de toute cette assemblée suspendue à ses lèvres, se déployant, s'enflammant,
dominant tout son auditoire du regard et du geste, le
remuant jusqu'au fond du cœur aux accents tour à tour
impérieux ou déchirants de sa voix sonore et vibrante,
tantôt le subjuguant et l'entraînant par ses élans rapides
et impétueux, tantôt excitant d'irrésistibles émotions et
faisant couler les larmes.

On raconte que, plaidant un jour pour une jeune femme,
qui s'était mariée sans le consentement de son père, et
voyait son mariage attaqué par lui, son accent fut telle-
ment pathétique, que les deux adversaires, saisis d'une
émotion profonde, se mirent à fondre en larmes, et se je-
tèrent réconciliés dans les bras l'un de l'autre [1].

Cette puissance de fascination était bien le caractère
dominant de son talent; mais elle n'aurait pas suffi pour
lui assurer cette constante supériorité dans les affaires les
plus diverses. Orateur complet, il savait à la fois charmer
et convaincre. On ne pouvait trop admirer, dans ses plaidoiries, son habileté savante dans la disposition des faits
et des preuves de la cause, la clarté saisissante de son

---

[1] Les contemporains de Gerbier rapportent de lui plusieurs traits
semblables. V. BACHAUMONT, *Mémoires secrets*, 16 juillet 1767.

exposition, le charme de son récit, la vigueur et la netteté de son argumentation, le tact avec lequel il évitait tout ce qui aurait pu produire un effet fâcheux sur l'esprit des juges, son art merveilleux d'animer le discours, d'y répandre un intérêt toujours croissant, ses vues élevées, mais toujours en proportion avec l'affaire, le goût avec lequel il savait varier son style, ses intonations, ses mouvements, suivant les sujets qu'il avait à traiter. Il excellait particulièrement dans les causes d'inductions et de présomptions; mais il savait aussi discuter d'une manière lumineuse les matières les plus abstraites. Nul ne pouvait, comme lui, intéresser, attacher, entraîner, pendant des heures entières, un public léger dont il faut captiver l'attention. Sa parole vivante passionnait tout, jusqu'au raisonnement lui-même, et la logique disparaissait, sous les émotions qu'elle avait préparées et qu'elle consacrait. Il avait une promptitude de repartie et une vivacité d'esprit merveilleuses. On l'a vu, au milieu d'une plaidoirie, changer tout à coup de plan, abandonner ce qu'il avait préparé, pour y substituer inopinément ces pensées, ces mouvements que font naître l'inspiration du moment et le choc des idées. Jamais il n'était plus étonnant ni plus terrible que lorsque des incidents imprévus le forçaient ainsi d'improviser sa défense.

En face de cette méthode nouvelle, de cette parole si vive, si alerte, si prompte à l'attaque, si puissante, il fal-

lut bientôt renoncer à tout l'arsenal de la vieille rhéto-
rique, aux élucubrations incolores ou déclamatoires des
plaidoiries écrites. Quelques-uns cependant y demeurèrent
fidèles jusqu'à la fin; mais l'impulsion était donnée, et
l'on peut dire que Gerbier avait définitivement accompli
la révolution féconde commencée par Cochin.

Pour un pareil talent, si digne à tous égards d'être com-
paré à celui de notre illustre Berryer, la scène du Parlement était trop étroite. Réduit à ces querelles privées que
Cicéron appelle dédaigneusement des questions de gout-
tière et de mur mitoyen, le génie de Gerbier ne pouvait
prendre tout son essor. Donnez-lui ces grandes causes de
notre temps, nos procès politiques, la libre défense des
accusés, quels triomphes n'aurait-il pas obtenus, quels
rivaux n'aurait-il pas égalés ou même surpassés ?

Mais le gouvernement absolu de Louis XV ne pouvait
s'accommoder de ces débats retentissants, dans lesquels la
parole indépendante de l'avocat vient hardiment démas-
quer les intrigues, dévoiler les abus, et, en face d'un
pouvoir oppresseur, réclamer le respect du droit et de la
loi. La justice était alors sans liberté. N'avait-on pas vu le
roi, pour soustraire le duc d'Aiguillon, gouverneur détesté
de la Bretagne, à une condamnation qui paraissait immi-
nente, dessaisir le parlement de Bretagne, évoquer l'affaire au parlement de Paris, dont on espérait forcer le
jugement par l'intimidation; puis, dans le cours même de

l'instruction, faire retirer du greffe, par la force, toutes les pièces de la procédure, et élever l'accusé lui-même au ministère ?

Victime de tels abus de pouvoir, la justice se déshonorait à son tour par le secret de ses procédures criminelles et l'iniquité de ses condamnations. A l'opinion publique indignée, qui appelait à grands cris des réformes, elle répondait, coup sur coup, par les procès de Calas, de Lally-Tollendal, du chevalier de la Barre, jugés à huis clos, sans l'assistance d'aucun défenseur, et dont l'exécution allait répandre le scandale et l'épouvante dans tous les rangs de la société. En vain le barreau revendiquait hautement la plus noble de ses prérogatives, la défense des accusés. Tandis que Linguet était exilé par une lettre de cachet, pour avoir écrit un mémoire en faveur d'un fournisseur de l'armée, traduit devant un conseil de guerre, le Parlement mandait à sa barre, pour les blâmer, Gerbier et sept de ses confrères, qui avaient écrit, avec les plus grands ménagements et la plus grande simplicité, un mémoire en faveur des prétendus complices du chevalier de la Barre, enfants des premières familles d'Abbeville, tous encore mineurs, accusés, comme leur malheureux compagnon, d'avoir proféré des blasphèmes, chanté des chansons impies et d'avoir passé devant une procession du Saint-Sacrement sans ôter leurs chapeaux et sans se mettre à genoux. Gerbier prit la parole; il défendit avec fermeté la conduite et les droits de ses confrères, ainsi que les siens, et il déclara nettement que si des mesures de rigueur étaient prises contre cette consultation, le barreau tout entier était décidé à déserter les audiences du parlement.

Un pareil régime violait les lois les plus sacrées de la justice, en même temps qu'il enlevait au barreau une partie de sa grandeur, et à l'éloquence l'occasion de ses plus beaux triomphes. Mais si le Palais était encore fermé aux débats politiques et à la libre défense des accusés, les habitudes judiciaires n'en avaient pas moins subi, à cette époque, une transformation complète, à la faveur de laquelle le barreau voyait son rôle et son influence grandir dans une proportion jusqu'alors inconnue.

On était entré dans la seconde moitié du dix-huitième siècle. Le mouvement imprimé aux esprits, dès la fin du règne de Louis XIV, allait tous les jours s'accélérant. Les idées d'amélioration et de progrès, d'abord à peine entrevues par quelques esprits, agitées maintenant par les écrivains, discutées dans les salons et dans les cercles, pénétraient de plus en plus profondément dans la nation. Mais, en même temps, elles se précisaient, et, avec une énergie croissante, elles réclamaient leur droit de cité. Dès lors, la lutte se trouvait engagée entre les institutions anciennes, vieillies, discréditées, et les besoins nouveaux du pays. L'antagonisme entre toutes les classes de la société

commençait à s'accuser avec une véritable violence;
l'égalité était invoquée avec ivresse; la haine d'une administration arbitraire et oppressive s'ajoutait à l'irritation produite par la domination orgueilleuse d'un seul
culte qui prétendait n'en tolérer aucun autre à ses côtés.

Toutes ces idées, qui fermentaient dans les esprits,
cherchaient à se faire jour au dehors, malgré tous les
obstacles qu'on s'efforçait de leur opposer. Le Palais de-
vint, comme la littérature, comme le théâtre, une sorte
de champ clos où toutes les opinions venaient s'affirmer,
se heurter et se combattre. Grossies par les passions du
moment, de simples querelles d'intérêt privé s'élevaient
à la hauteur d'événements politiques et mettaient aux
prises la nation tout entière. De quelle vie nouvelle s'ani-
mèrent alors les luttes judiciaires! Les mémoires, qui
n'étaient autrefois que des précis faits pour mettre sous
les yeux du juge le sommaire du procès, sont maintenant rédigés comme des appels à l'opinion publique.
Répandus avec profusion, recherchés et lus avec avidité,
ils entretiennent et propagent au loin l'agitation. Écrivains et avocats y discutent à l'envi toutes les grandes
questions qui tourmentent les esprits, et combattent côte
à côte pour le triomphe de leurs plans de réforme. A son
tour, la barre du Parlement devient une tribune politique,
ouverte à toutes les controverses les plus passionnées.

C'est une véritable révolution, due tout entière au mou--

vement philosophique, et bien autrement féconde pour l'éloquence que toutes celles qui s'étaient accomplies jusqu'ici au nom de la littérature et du bon goût. Le barreau la salua avec enthousiasme. Il ne faisait encore qu'entrevoir les destinées brillantes que notre siècle et nos institutions nouvelles lui réservaient. Mais combien déjà son horizon s'est élargi! L'esprit de critique et d'examen agrandit et nourrit les discussions; s'élevant au-dessus des intérêts particuliers qui lui sont confiés, l'avocat aborde les théories générales; il ne parle plus comme un jurisconsulte qui sollicite l'application de la loi, mais comme un législateur qui en demande la réforme à la tribune. On sent combien une pareille méthode donnait de vie à l'éloquence, et quel vaste champ elle ouvrait aux développements oratoires. Le barreau lui dut de réels succès, une grande popularité, et, pour la première fois, une influence assez sérieuse sur les progrès de la civilisation pour mériter une place importante dans l'histoire philosophique de son époque.

Mais, en empruntant à son siècle ses plus précieuses qualités, le barreau ne sut pas assez se défendre de quelques-uns de ses travers. Le dix-huitième siècle se distingue entre tous les autres par son ardente polémique, sa fièvre de propagande, son zèle inquiet, son humeur querelleuse. Malheureusement, cette ardeur guerrière respire jusque dans les mémoires judiciaires et les plaidoiries. Les discussions deviennent passionnées; les adversaires sont l'objet d'attaques sans modération, de critiques amères. Les confrères eux-mêmes ne sont pas épargnés, et l'on échange à la barre ou dans les écritures les plus regrettables personnalités. Linguet est le chef de cette déplorable école; son exemple ne trouva qu'un trop grand nombre d'imitateurs. D'autre part, sous l'influence d'une littérature qui commençait à dégénérer, le style avait perdu quelques-unes des qualités par lesquelles il brillait au temps de Cochin, la sobriété, le naturel. On s'était égaré dans deux directions opposées. Chez les uns, l'éloquence, sans être moins pompeuse qu'au commencement du siècle, est plus emphatique et plus déclamatoire; chez les autres, elle est devenue sentimentale et bucolique; leur langage est celui des boudoirs; ils s'expriment à la manière de Dorat et de Florian, et leurs plaidoiries sont des idylles. On pourrait citer, comme exemple, le plaidoyer célèbre de Target pour la rosière de Salency.

Il faut reconnaître à la louange de Gerbier qu'il ne tomba ni dans l'un ni dans l'autre de ces défauts. Admirateur passionné de Pascal, dont il lisait et relisait sans cesse et dont il connaissait par cœur les *Lettres provinciales,* il dut sans doute au commerce de cet esprit puissant et lumineux et de ce prosateur admirable, son incontestable supériorité sur ses contemporains. En

général, son style est grave, sobre, élégant sans préten-
tion, brillant sans mauvais goût, correct et pur en
même temps que facile. Ce n'est pas encore la simplicité
un peu abandonnée de notre éloquence moderne; mais
ce n'est plus ce style surchargé d'images et cette pompe
exagérée de d'Aguesseau; c'est le beau style oratoire des
prosateurs du dix-huitième siècle, de Buffon, de Jean-
Jacques Rousseau, de Montesquieu. On y sent une sorte
de réserve cérémonieuse, commandée par la majesté
des audiences du Parlement.

Quant aux excès dans lesquels s'égarèrent quelques-uns
de ses confrères, il avait une distinction d'esprit trop
parfaite et une trop grande aménité de caractère pour ne
pas les fuir avec horreur. Sa parole était toujours digne;
il possédait au plus haut degré le secret des convenances
et l'art si difficile de tout dire, sans jamais blesser ni son
adversaire ni son auditoire. Toutefois, sa modération
n'excluait pas l'énergie; et, au besoin, il savait parler avec
une noble fierté pour repousser d'injustes attaques ou
flétrir des procédés peu courtois. Mais, avant tout, il était
ennemi du scandale et de ces luttes d'audience, qui désho-
norent une discussion et déconsidèrent l'orateur. Aussi
évita-t-il de plaider contre Linguet lorsque celui-ci se fut
signalé par le ton violent et agressif de ses plaidoiries.
Un jour même, il refusa nettement de prendre la parole
dans une cause dont Linguet avait été chargé, non par

envie ou par crainte de lui rester inférieur, mais ne voulant pas, disait-il, descendre dans une arène d'injures, où le vainqueur est toujours le plus méprisable.

Il se tenait également éloigné des luttes des partis, et il ne s'associa qu'indirectement et par occasion à cette propagande réformatrice, à laquelle Élie de Beaumont et Loiseau de Mauléon durent leur célébrité. Désigné pour plaider quelques-unes des affaires les plus retentissantes de son époque, il le fit toujours avec une modération d'idées et de langage, d'autant plus digne de remarque qu'elle était plus rare, et d'autant plus méritoire qu'elle était plus difficile à conserver au milieu des passions publiques.

Cette qualité de son esprit éclata principalement dans la célèbre affaire des frères Lioncy contre les Jésuites. On sait quelle était, dans toute la France, l'irritation des esprits contre leur ordre. On voyait avec inquiétude leurs richesses, leur puissance toujours croissante, leur domination à la cour, leur influence sur le clergé et sur l'éducation des enfants. On ne pouvait leur pardonner leur obéissance absolue à la cour de Rome; on leur imputait les persécutions exercées contre les jansénistes et les protestants; on les rendait responsables de la lutte scandaleuse engagée entre le Parlement, l'autorité royale et le clergé, au sujet de la bulle *Unigenitus* et du refus des sacrements. On allait enfin jusqu'à les accuser d'avoir armé contre le roi le bras de Damiens, comme on les avait accusés autrefois de tous les assassinats commis pendant nos troubles civils. C'est au milieu de cette fermentation des esprits qu'éclata le procès fameux qui allait amener leur expulsion de France.

Le P. Lavalette, supérieur des Jésuites à la Martinique, qui, depuis longtemps déjà, se livrait à des opérations de commerce considérables, avait tiré sur le P. Sacy, jésuite de Paris, son correspondant habituel, des lettres de change pour 1,500,000 francs au profit des frères Lioncy, grands négociants de Marseille, pour 140,000 francs au profit d'un sieur Cazotte, et pour d'autres sommes moins importantes au profit d'autres particuliers. En même temps, il avait envoyé en France des marchandises sur cinq vaisseaux. Ils furent pris par les Anglais. Le P. Sacy, n'ayant pas reçu l'argent attendu, n'accepta pas les lettres de change, qui furent protestées ; les négociants de Marseille, poursuivis à leur tour, firent une banqueroute désastreuse. On écrivit au général des Jésuites, à Rome, pour obtenir satisfaction. Il refusa de payer, prétendant que le P. Lavalette avait agi pour son compte personnel. Alors les créanciers s'unirent, et firent assigner au parlement de Paris toute la société des Jésuites, pour être condamnée à rembourser solidairement plus de deux millions.

Gerbier, Target et Legouvé plaidèrent pour les créanciers. Ils produisirent les Constitutions qui venaient d'être imprimées à Prague, en 1757, et démontrèrent que le supérieur général avait une autorité toute-puissante sur l'ordre entier, que rien ne se faisait et ne pouvait se faire que par son commandement, qu'il était donc impossible à la Société de récuser les actes d'aucun de ses membres et notamment les actes de commerce du P. Lavalette. Le Parlement la condamna en effet, tout entière et solidairement, par arrêt du 8 mai 1761, au payement des sommes réclamées et à 50,000 francs de dommages-intérêts.

On sait qu'il ne s'en tint pas là; qu'il ordonna aux Jésuites de déposer au greffe leurs constitutions, et, qu'après les avoir examinées, il rendit, le 6 août 1762, un arrêt déclarant qu'il y avait abus dans l'institution de la Société, leur défendant d'en prendre l'habit, de vivre sous l'obéissance du général, et ordonnant le séquestre de leurs propriétés et la vente de leur mobilier. En même temps, l'agitation se répandit dans toute la France; les parlements de province prirent, dans leurs ressorts, les mêmes dispositions. Enfin, au mois de novembre 1764, Louis XV, cédant à la pression de l'opinion publique, rendit un édit par lequel il supprima et interdit désormais en France l'ordre des Jésuites.

Il est facile de comprendre quelle émotion avait excitée dans tout le royaume l'annonce du procès qui avait été l'origine et le point de départ du mouvement. Une foule immense était accourue au Palais pour en suivre les

débats. De son côté, le Parlement ne pouvait, sans un
secret plaisir, voir à ses pieds ses éternels adversaires,
aux prises avec les complications dans lesquelles ils
s'étaient si imprudemment engagés. Au milieu de cette
effervescence, la plaidoirie de Gerbier fut aussi remarquable par sa modération que par sa dignité. Il sut allier
la fermeté et l'énergie à une parfaite convenance de langage, qui forme le contraste le plus frappant avec la violence déployée par Pasquier et par Arnaud dans des
occasions semblables. Pendant qu'il plaidait, des applaudissements avaient éclaté dans la salle de l'audience ; il
les critiqua avec une noble fierté, disant qu'ils étaient
réservés pour les spectacles, et qu'on devait attendre avec
respect les oracles de la justice. Il était alors très-jeune
encore ; mais, dans toute la suite de sa carrière, même
lorsqu'il fut en pleine possession de son talent et de sa
renommée, jamais il ne se départit de cette sage réserve
et de cette conduite prudente.

Cette cause, dont le retentissement avait été si grand
au dehors, avait valu à Gerbier une rapide célébrité.
Deux ans après, une nouvelle affaire vint mettre le comble
à sa réputation, et acheva de rendre son nom populaire.

Un individu, nommé Balthazard Castille, après avoir
porté pendant plusieurs années l'habit religieux à
l'abbaye d'Orval, qui dépendait de l'ordre des Bernardins
ou religieux de Clairvaux, avait quitté son couvent et était

venu se marier à Paris. Depuis seize ans, il vivait ainsi
dans le monde, sans être inquiété ni recherché; trois enfants étaient nés de son mariage; grâce à son intelligence
et à son travail, il avait acquis une fortune et une position
honorables : lorsque, tout à coup, des exempts se sai-
sissent de lui et de sa femme, conduisent celle-ci en prison et l'emmènent, lui, à l'abbaye d'Orval. Il y mourut
au bout de quatre mois, d'une manière mystérieuse et
qui autorisait tous les soupçons. Quant à sa femme, elle
ne recouvra la liberté qu'après une détention de trois
années; tout ce qu'elle possédait lui avait été enlevé; son
dernier enfant lui-même avait disparu, et on apprit plus
tard qu'il était mort abandonné. Elle s'adressa aux religieux de Clairvaux, et leur demanda une réparation pour
les persécutions injustes dont elle avait été la victime.
N'obtenant aucune satisfaction, elle les assigna devant le
Parlement. La pitié publique, émue au plus haut point
par cette affaire, se changea en indignation, quand on
apprit les détails déplorables révélés par les plaidoiries.
Castille n'avait pas prononcé de vœux réguliers; l'abbaye
d'Orval n'avait donc aucun droit sur lui ; c'était à la suite
d'un traité secret passé entre un religieux de Clairvaux et
un parent de la femme de Castille, que leur arrestation
avait eu lieu, dans le but de s'emparer de tout ce qu'ils
possédaient. Gerbier déploya dans cette cause toutes les
ressources de son éloquence entraînante et persuasive, et

fit condamner les moines de Clairvaux à 60,000 francs de dommages-intérêts. Le public nombreux qui assistait au jugement, l'accueillit, dit le chroniqueur judiciaire, par les démonstrations de la joie la plus vive, et reconduisit la victime sous une pluie de fleurs.

Tandis que Voltaire et Paris tout entier applaudissaient à ces succès de Gerbier, autant en haine des Jésuites et des moines que par admiration pour son talent, déjà sa supériorité sur tous ses rivaux s'était affirmée au Palais dans plus d'une occasion.

En 1756, presque à son début, il plaidait pour le comte de Montboissier, qui avait à se défendre contre une demande en séparation de corps introduite par sa femme. Cette nature d'affaire, si délicate, qui a toujours offert une des plus riches matières à l'éloquence du barreau, mais qui souvent aussi est l'écueil des avocats les plus exercés, convenait merveilleusement au talent de Gerbier. Il y révéla toute la souplesse et toute la fécondité, en même temps que la délicatesse de son esprit. Habile, insinuant, plein de grâce et de verve, il étonna l'auditoire par l'éclat de son imagination et la puissance de sa parole. Le comte de Montboissier avait eu, pendant son mariage et d'un commerce illégitime, deux enfants, qu'il avait reconnus et fait baptiser avec éclat. Mais ni les lois, ni la morale du siècle n'étaient sévères pour les maris infidèles, et Gerbier n'eut pas de peine à persuader à ses juges que les

faiblesses de M. de Montboissier n'étaient pas un grief
sérieux. « C'est ignorer, disait-il, nos mœurs et nos principes que de regarder le concubinage de la part du mari
comme un moyen de séparation. » La comtesse de Montboissier ne réussit pas mieux, en demandant à prouver
que son mari avait sollicité une lettre de cachet, en vertu
de laquelle elle avait été arrêtée et enfermée dans une
maison religieuse. Gerbier lui répond, non sans quelque
ironie, que « la lettre de cachet est le secret du prince, et
qu'il sera toujours impossible d'en prouver juridiquement
et la cause et l'auteur. »

La comtesse de Montboissier perdit son procès après
des débats longs et animés, dans le cours desquels les
adversaires de Gerbier finirent, suivant la déplorable
habitude de l'époque, par le mettre lui-même en cause,
lui adressant, dans un mémoire imprimé, les accusations
les plus outrageantes. Gerbier repoussa ces attaques avec
indignation, et obtint du Parlement la suppression des
termes injurieux insérés dans les écritures.

Lorsque M. de Maupeou fut élevé, en 1763, à la dignité
de chancelier, ce fut Gerbier qu'il choisit pour présenter
au Parlement ses lettres patentes et en demander l'enregistrement. Cette désignation était un des plus grands
honneurs qu'un avocat pût alors espérer. Le roi de Danemark assistait à la séance dans une des lanternes de la
grand'chambre. « Le sieur Gerbier, avocat, raconte Ba-

chaumont, a présenté, suivant l'usage, les lettres du nouveau chancelier. Il a fait à cette occasion un discours où il a accumulé les éloges du roi, du chancelier Lamoignon, du vice-chancelier, du chancelier actuel, de M. d'Aligre, premier président, de M. de Vaudeuil, conseiller du parlement de Paris, nommé premier président de celui de Toulouse, et enfin du roi de Danemark. Le fond de ce discours ne pouvait être qu'une répétition de lieux communs, de fadeurs et de contre-vérités. On a admiré l'art avec lequel l'orateur a rajeuni ce vieux protocole de mensonges insipides, et surtout les transitions heureuses par lesquelles il a passé six fois d'un compliment à l'autre, prodiguant à chacun de ses héros l'encens convenable. Ensuite M. Séguier, l'avocat général, a requis l'enregistrement desdites lettres, et a pris occasion de là pour rendre aussi l'hommage de son éloquence au monarque présent. Ce discours n'a pas eu le même succès que celui de Gerbier, et l'avocat a paru l'emporter de beaucoup sur l'académicien. »

Ainsi désigné à l'attention publique par les plus éclatants succès, Gerbier avait conquis de bonne heure une situation exceptionnelle comme avocat. Les princes et les grands le sollicitaient d'entrer dans leurs conseils. Toute la noblesse, les hommes les plus puissants par leur fortune ou par leurs fonctions dans l'État, venaient à l'envi lui confier leurs intérêts ; les Conti, les Choiseul, les Soubise, les La Tour-Dupin, les de Bouillon, les de Luxembourg, les de Chevreuse, les Montmorency furent ses clients.

Il plaida contre la Compagnie des Indes pour le marquis de Bussy, maréchal de camp des armées du roi, qui, sous La Bourdonnais, Dupleix et Lally-Tollendal, avait joué aux Indes un rôle considérable et extrêmement brillant, y avait longtemps tenu tête à la domination anglaise, et, avant les revers qui humilièrent nos armes et détruisirent notre puissance coloniale, avait conquis et géré des territoires immenses pour le compte de la célèbre Compagnie. Aujourd'hui, il lui réclamait le payement des sommes qu'il avait avancées pour elle et qui s'élevaient à plus de deux millions.

En 1763, il rédigea un long mémoire pour établir l'antique et glorieuse noblesse et la royale origine d'un Irlandais, Jean-Baptiste de Mac Mahon, dont le nom devait être un jour porté avec éclat et devenir l'une des illustrations de notre pays. Jean-Baptiste de Mac Mahon était venu à Paris à l'âge de seize ans pour y terminer ses études; ses parents, dont les ancêtres avaient été dépossédés de toutes leurs terres en punition de leur loyale fidélité aux Stuarts, ne pouvaient lui envoyer qu'une faible pension de 800 livres. Il étudia la médecine et l'exerça avec succès dans la ville d'Autun. Son mariage avec une veuve jeune, noble et riche, le fixa définitivement en France où il se fit naturaliser en 1749.

3.

Le nom de Gerbier se retrouve ainsi dans toutes les affaires les plus importantes de l'époque, dans ces longs et obscurs procès de substitutions, enfantés par les calculs ambitieux des nobles familles, entretenus par les incertitudes d'une législation mal définie, et qui mettaient perpétuellement en question le patrimoine et l'existence des maisons les plus anciennes du royaume ; dans ces revendications d'état, si nombreuses alors, favorisées par le désordre qui régnait dans la tenue des actes de l'état civil , et dont les curieux détails semblent parfois empruntés moins au cours ordinaire de la vie réelle qu'à la fantaisie capricieuse du roman.

L'un de ces procès qui excita le plus vivement l'attention publique, ce fut celui que Gerbier plaida, en 1765, pour un jeune capitaine au régiment de Languedoc, baptisé sous le nom de Rougemont, élevé secrètement par sa mère, d'abord sous le nom de Corrigé, puis sous celui de La Rivière, et qui réclamait la qualité de fils légitime d'un riche financier de Paris, nommé Hatte. La cause de Gerbier était mauvaise, et il la perdit, malgré le zèle et le talent avec lesquels il l'avait soutenue. On raconte que Louis Doulcet, qui était un de ses adversaires dans ce procès, s'était borné à lui répondre : « On ne connaît en France que deux manières d'établir son état, savoir : l'extrait de baptême et la possession. L'individu qui se présente a été baptisé sous le nom de Rougemont et n'a jamais porté celui de Hatte. Puisqu'il est Rougemont, il n'est donc pas Hatte : je persiste dans mes conclusions. »

Les affaires ecclésiastiques étaient à cette époque une source importante de procès. Le désordre et la guerre s'étaient introduits dans les rangs du clergé, comme dans toutes les classes de la société française. Les biens temporels de l'Église étaient l'objet d'une compétition ardente et d'un trafic scandaleux. Tandis que dans les campagnes les curés, se consacrant aux pénibles fonctions de leur ministère, n'avaient aucune part aux bénéfices, et se trouvaient réduits à la plus extrême indigence, des abbés de cour, des cadets de famille, poussés dans les ordres sans vocation, vivant dans l'oisiveté et dans l'inconduite, se partageaient, ou plutôt se disputaient les riches revenus des prieurés, des abbayes, et de toutes les sinécures. En même temps, les longues querelles du jansénisme avaient jeté de profondes divisions dans le clergé. Les évêques, attachés au parti de la cour, molinistes et ultramontains, voyaient sans cesse leur autorité méconnue par leurs propres prêtres, tout dévoués au contraire aux idées gallicanes et jansénistes. De là des contestations sans nombre, qui aboutissaient au parlement de Paris, y étaient plaidées avec éclat, et, par le scandale qu'elles propageaient au dehors, contribuaient, dans une large mesure, à diminuer la foi et le respect de la religion, et favorisaient le progrès des idées philosophiques.

Les hommes de cœur et de bon sens voyaient avec peine ces déplorables querelles. Gerbier se fit un jour l'écho de ce sentiment général. Il plaidait pour M. de Grimaldi, évêque de Noyon, calomnié et gravement outragé par les chanoines de son chapitre dans un acte capitulaire, et il demandait que cet acte fût biffé des registres : « Le grand Constantin, dit-il, reçut un jour dans son audience impériale plusieurs députés du clergé, qui venaient lui dénoncer la conduite scandaleusement irréligieuse du primat leur chef. A ces violentes accusations, le prince, après les avoir écoutés dans le plus consciencieux silence, leur répondit : « Mon devoir et le vôtre sont de n'ajouter aucune foi aux soupçons que des impies voudraient répandre sur le saint caractère du primat; que si, par impossible, je le surprenais en état de péché, je le couvrirais de ma pourpre. C'est maintenant à vous, Messieurs, à couvrir par votre arrêt la personne sacrée de l'évêque de Noyon. »

Gerbier plaida du reste rarement dans ces causes bénéficiales qui n'étaient habituellement que des luttes mesquines d'intérêt. Quelquefois cependant de graves questions de droit public se trouvaient soulevées par des procès de cette nature. Le pouvoir royal revendiquait le droit de conférer à qui il voulait les bénéfices ecclésiastiques, en investissant ou non le brévetaire des pouvoirs attachés à son titre. La religion catholique étant la reli-

gion de l'État, exerçant à ce titre, sur les citoyens, une
autorité extérieure à laquelle le pouvoir civil prêtait le
concours de sa puissance, le roi voulait que ses ministres
fussent nommés par lui. Les concordats avaient sanc-
tionné ces principes, connus sous le nom de *libertés de
l'Église gallicane*. Mais les prétentions du pouvoir royal
étaient vivement combattues, soit au nom des doctrines
ultramontaines, qui repoussaient ce vasselage civil du
clergé, soit au nom de l'intérêt des établissements religieux, qui, propriétaires de ces bénéfices, voulaient ne
les conférer qu'à des membres de leur ordre, afin d'en
conserver pour eux-mêmes les riches revenus. La congrégation de Saint-Maur avait ainsi dans sa dépendance
plusieurs abbayes importantes qui, depuis de longues
années, avaient toujours été possédées par des religieux
élus dans le chapitre général de la congrégation; lorsque
le roi, usant de son droit imprescriptible de nomination
à ces abbayes, en investit l'archevêque de Lyon, l'évêque
d'Orléans et trois autres membres du clergé séculier du
royaume. Les abbés élus refusèrent de reconnaître les
nominations faites par le roi et assignèrent les brévetaires
au Parlement. Gerbier, sollicité à la fois par l'évêque
d'Orléans et par les Bénédictins de se charger de leurs
intérêts, se porta le défenseur des droits de la couronne.
Une partie de sa plaidoirie nous a été conservée; c'est
une revendication éloquente du droit de suzeraineté du

pouvoir civil sur l'Église. L'arrêt du parlement maintint les nominations faites par le roi.

Un des derniers triomphes de Gerbier fut celui qu'il remporta dans la célèbre affaire des frères de Queyssat contre Damade. Les trois frères de Queyssat, gentilshommes et officiers du roi, avaient, dans une querelle violente, grièvement blessé à coups d'épée un jeune négociant, nommé Damade, qui, depuis longtemps, était leur ennemi. C'est assurément un des caractères les plus curieux de cette époque et le signe le plus frappant de l'état des esprits, de voir avec quelle ardeur fiévreuse l'opinion publique s'empara de cette affaire. Voyez, disait-on, cette noblesse de province, entêtée dans ses priviléges, incorrigible ennemie de la bourgeoisie, qui s'arroge le droit de vexer, de tyranniser les citoyens paisibles! Voyez ces militaires arrogants qui prodiguent le mépris et l'injure à leurs concitoyens inoffensifs! « Il y a deux millions d'hommes en France, s'écriait Élie de Beaumont, qui sont ou d'une condition supérieure ou d'un état ou d'un rang égaux à ceux des sieurs de Queyssat. Faudra-t-il donc donner en leur personne à deux millions d'hommes le droit d'en outrager, d'en égorger dix-huit millions? Absolvez-les; car c'est les absoudre que de les condamner faiblement, et, avant un demi-siècle, il ne restera plus dix-huit millions d'hommes à outrager. Où l'opprobre commence, la population s'arrête! » Voilà à quelles exagé-

rations les esprits, même les plus sensés, s'abandon-
naient sous l'influence contagieuse des excitations du dehors. Aussi Gerbier pouvait-il lui répondre : « On avait
à peindre les mœurs du dix-huitième siècle, et l'on nous
a fait le tableau des fureurs qui désolaient la France dans
le quinzième et dans le seizième siècle! »

Target était l'adversaire de Gerbier dans cette affaire.
Elle fut plaidée pendant neuf audiences avec une incroyable ardeur et une véritable passion. La plaidoirie de
Gerbier fut considérée comme un chef-d'œuvre. Trois
fois il en avait écrit l'exorde. Après avoir repoussé par la
puissance de son argumentation l'accusation de Damade,
il termina sa défense en racontant, dans son magnifique
langage, un acte de bravoure héroïque accompli par l'un
des frères de Queyssat dans la dernière guerre : « Le
prince Ferdinand, ajouta-t-il, pour honorer son courage,
fit déposer son sabre dans le temple de Hammerlem ; et,
tandis que cette arme, suspendue encore aujourd'hui au-
dessus de l'autel, atteste sa valeur, celui de son frère est
déposé dans des greffes criminels pour servir à le convaincre d'une infâme lâcheté. Ah! Messieurs, la vertu ne
se dément point ainsi. L'homme courageux dans les camps
ne devient point l'assassin de ses concitoyens; et, s'il rap-
porte dans notre société paisible trop de susceptibilité,
quelquefois une âme trop fière, serons-nous assez injustes
pour lui en faire un crime? » Tel avait été l'accent ma-

gique avec lequel Gerbier avait décrit toute cette scène, qu'une vive émotion s'empara de tout l'auditoire, partagée par Damade lui-même, et que des applaudissements éclatèrent tout à coup.

Mais, malgré ses efforts, Gerbier ne put obtenir l'absolution complète des frères de Queyssat, qui furent condamnés à payer à Damade la somme de 75,000 francs ou à rester en prison toute leur vie. Ils n'avaient qu'une très-médiocre fortune, et, faute de pouvoir acquitter leur rançon, ils se voyaient menacés d'une détention perpétuelle. Madame de Genlis nous raconte, dans ses Mémoires, comment la cour, la noblesse et les officiers, leurs camarades, qui avaient épousé chaudement leur querelle, leur vinrent en aide au moyen d'une souscription publique. « Gerbier, dit-elle, qui avait la plus belle âme du monde, était dans une véritable affliction. Il lui vint tout à coup une idée qu'il me communiqua. Il avait assisté à plusieurs représentations de mes petits spectacles, et il en était enthousiasmé. Il me proposa de faire imprimer ces pièces, en faisant annoncer dans les papiers que ce serait au bénéfice de MM. de Queyssat. Toutes les pièces recueillies, que j'avais faites jusqu'alors, formèrent un gros volume in-8°, imprimé par Panckoucke. On en tira un nombre immense d'exemplaires. Je n'en donnai pas un seul, mais ils furent tous enlevés en moins de cinq ou six jours. Tous les frais prélevés, qui, par parenthèse,

montèrent à 11,000 francs, il s'en trouva net 46,000. Je
voulus, sur cette somme, non-seulement payer à Gerbier
ses honoraires, mais plusieurs déboursés qu'il avait faits
de sa poche. Il refusa tout avec une générosité peu commune. »

Gerbier s'était entremis, en effet, dans l'intérêt de ses
clients, avec tout le dévouement de son cœur charitable.
Pour amener Damade à se contenter d'une portion de la
somme qui lui était due, il avait adressé un pressant
appel à son confrère Target. « Je ne sçais pas, mon ami,
lui écrivait-il, quel païs tu habites ; mais, en quelque lieu
que tu sois, j'implore ton secours et réclame encore une
fois la générosité de ton âme..... La contribution, ou
plutôt la souscription n'a encore produit chez le notaire
qu'environ huit mille francs. Il est vrai qu'il y a nombre
de souscripteurs qui se sont engagés et qui n'ont pas
encore envoié leur argent. Tels le Roi, la Reine, etc.,
M. de Broglie, M. du Châtelet, etc. Encore une fois,
j'espère que tout va se terminer à l'entrée de l'hiver. Je
n'attends que le retour du Baron, qui a des fonds dont
j'ignore le montant, pour tirer tout au clair et voir ce
qu'on peut déjà donner à Damade. Porte-le, mon ami, à
la justice, à la patience, à la confiance dans nos soins.
Enfin mets à l'émouvoir l'éloquence que tu as mise à le
défendre, et gagne encore cette cause. » Ses efforts furent
enfin couronnés de succès, et il eut la joie d'aller lui-

même annoncer aux frères de Queyssat leur délivrance.

Rappelons enfin cette cause restée célèbre, dans laquelle il défendit les droits d'une famille presque indigente, déshéritée par un testament que l'on supposait contenir un fidéicommis déguisé au profit de la caisse des Jansénistes, fondée par l'abbé Nicole. C'est là que se trouve cet épisode admirable et souvent cité, dans lequel, faisant l'éloge de tous les grands hommes de Port-Royal, il étalait, avec une pompe toute littéraire, leurs titres à l'admiration du monde.

Malgré l'immensité du ressort du parlement de Paris, malgré la variété presque infinie des affaires soumises à sa juridiction, il semble néanmoins que Gerbier, comme tous les grands avocats de son époque, ceux qu'on appelait les avocats de la grand'chambre, ne plaida jamais qu'un très-petit nombre de causes par année. Elles étaient toujours, il est vrai, d'une importance considérable. Il y avait alors une démarcation très-nettement tranchée entre les grandes et les petites affaires. Ces dernières s'expédiaient aux audiences de sept heures du matin et de deux heures de l'après-midi. Elles étaient extrêmement nombreuses, et se plaidaient brièvement, sans aucune solennité, sans souci aucun de l'éloquence. Elles se partageaient entre un certain nombre d'avocats, hommes d'affaires expérimentés plutôt qu'orateurs, à la tête desquels était le célèbre Rimbert, surnommé le *Démosthène de l'au-*

dience de sept heures. On dit qu'il plaidait jusqu'à deux mille causes par an. Il parlait avec une rare facilité, toujours sans notes. C'est également à cette audience de sept heures que les jeunes avocats s'exerçaient à la parole, et faisaient l'essai de leurs forces, avant d'affronter les grandes audiences et les grandes causes. L'audience de neuf heures était réservée aux affaires les plus importantes. Elle était tenue avec un appareil imposant, par le Parlement tout entier, en présence d'un public habituellement nombreux. On y plaidait avec solennité, un peu longuement parfois, mais avec un soin, une science et un amour de l'éloquence auxquels il faut savoir rendre hommage. Aussi les avocats les plus exercés s'y présentaient-ils seuls.

L'étude de ces grandes affaires était habituellement longue et difficile; de nombreux et quelquefois volumineux mémoires étaient imprimés, soit pour exposer l'affaire dans son ensemble, soit pour en discuter les moyens; ils étaient le plus souvent accompagnés d'une consultation rédigée par un groupe d'avocats consultants. Ajoutez à cela les lenteurs de la procédure, les évocations d'un parlement à un autre parlement, d'un tribunal inférieur à un tribunal privilégié; les interruptions fréquentes des audiences, manœuvre habituelle du Parlement dans sa lutte contre le pouvoir royal; les sollicitations auprès des magistrats; souvent les intrigues de l'une des parties auprès du gouvernement, afin d'entraver la marche

d'une poursuite gênante; les lettres de cachet obtenues
par l'un des plaideurs contre son adversaire, et vous au-
rez une idée des phases successives que devait traverser
un grand procès à cette époque, des obstacles qu'il avait
à surmonter avant d'arriver jusqu'à la plaidoirie.

Mais si Gerbier plaidait rarement, nous savons avec
quel soin il préparait ses affaires. Les nombreux mémoires
écrits par lui, les consultations qu'il a signées témoignent
à la fois et de l'importance des causes qui lui étaient
confiées, et du temps et du travail qu'il leur consacrait.
Il avait auprès de lui, en qualité de secrétaire, un de ses
confrères, nommé Monniot, jurisconsulte savant et très-
exercé aux affaires. On disait de Monniot « que c'était une
roue de cuivre qui faisait marcher une aiguille d'or. » En
outre, on raconte qu'avant de se charger définitivement
d'un de ces grands procès qu'il plaidait avec tant d'éclat,
Gerbier était dans l'usage de le soumettre à l'examen de
deux jurisconsultes, qu'il interrogeait successivement
l'un pour l'autre contre la thèse qu'il avait à soutenir.
Éclairé par leur controverse, il méditait chacune des
opinions qui lui avaient été présentées, de manière à en
bien connaître et le fort et le faible; puis il arrêtait son
plan de défense. Il le développait ensuite d'une manière
complète, et écrivait souvent plusieurs fois de suite les
passages principaux de sa plaidoirie. Ce n'est qu'après
cette minutieuse préparation qu'il se présentait à l'au-

dience, n'ayant sous les yeux que les divisions principales de son sujet, et se confiant, pour les ornements de détail, à ses heureuses improvisations.

Ces projets et ces notes avaient été recueillis par l'avocat général Hérault de Séchelles, son élève et son ami. Notre Bibliothèque en possédait la précieuse collection, composée de cinq volumes manuscrits[1]. Avec quelle curiosité pleine de charme et d'intérêt ne pouvait-on pas y poursuivre, au travers de ses méditations, et surprendre, dans l'intimité même de son travail, la pensée de l'orateur! Aussi, quels regrets ne doit pas nous inspirer la perte à jamais irréparable de ces cahiers, détruits avec tant d'autres de nos richesses, au mois de mai 1871, par les incendies que la Commune de Paris avait allumés! Ni le zèle de notre bâtonnier, ni le dévouement de notre bibliothécaire ne purent les sauver. Seul, le buste de Gerbier échappa aux flammes; de quelle manière, vous vous le rappelez. Car, qui pourrait oublier le noble courage de celui qui, placé par vous à la tête de notre Ordre dans ces jours de deuil et de danger, demeura fidèle à son poste, tout prêt à sacrifier sa vie pour le droit et pour la justice? C'est à lui que nous devons, Messieurs, de voir notre grand orateur présider, pour ainsi dire, lui-même cette réunion consacrée à sa mémoire.

---

[1] Voir à l'Appendice, page 74, l'histoire de ces manuscrits.

Toutefois, il faut bien le reconnaître, Gerbier avait à jamais disparu pour nous longtemps avant que l'incendie eût détruit ces derniers restes de sa grande éloquence. De même que tous les orateurs, il échappe à la critique, comme à la louange de la postérité. Eût-il eu le courage de reprendre, dans le silence du cabinet, ces improvisations d'audience, qui avaient si profondément remué ses auditeurs, jamais on ne l'eût retrouvé tout entier dans ses paroles refroidies par l'écriture. Et l'on aurait dû dire de lui ce que disait de Démosthène, Eschine, son illustre rival : Que serait-ce si vous l'aviez entendu lui-même ?

De l'orateur magique dont la parole a passionné toute une génération, il ne nous reste donc plus aujourd'hui que son nom. Mais quelle auréole resplendissante l'entoure et le fait briller à nos regards! S'il est vrai que sa réputation ne saurait avoir d'autres garants que l'admiration de ceux qui l'ont entendu, interrogez ses contemporains. Quand il devait plaider, la nouvelle s'en répandait immédiatement au dehors; la foule assiégeait les portes de la grand'chambre ; les seigneurs de la cour, les hommes de lettres, tous ceux que l'art intéressait, et ils étaient nombreux alors, accouraient au Parlement pour l'entendre. Qu'un roi, qu'un prince étranger vînt à Paris, il ne manquait pas de se rendre au Palais, attiré par la renommée de l'aigle du barreau, et tenait à assister à

l'une de ses plaidoiries, comme à une fête littéraire aussi
digne de fixer son attention que toutes les splendeurs
étalées sous ses yeux. Quel hommage rendu à l'orateur
que ce concours empressé de toutes les classes de la société! Aussi, quand je songe à tous ces témoignages de
l'admiration publique, quand je me rappelle les éloges
que lui ont décernés, d'une voix unanime, des hommes
comme Delamalle, Berryer père, Bonnet, Delacroix-
Frainville, des écrivains et des critiques comme La Harpe,
le cardinal Maury, je ne crains plus d'avoir été trop loin
dans ma louange, mais de ne l'avoir point loué comme
il méritait de l'être.

Au milieu de ces succès toujours croissants, l'existence
de Gerbier s'écoula longtemps tranquille, heureuse et res-
pectée. La gloire et la fortune avaient été la récompense
de son talent et de ses efforts. Il n'était point avide d'argent. Bien souvent, il avait plaidé avec le plus entier dé-
sintéressement, libéral et de son temps et de sa bourse.

Cependant quelques clients lui avaient marqué une reconnaissance extrême. On disait que le marquis de Bussy
lui avait donné 100,000 francs d'honoraires, et qu'il avait
reçu 500,000 francs d'un Canadien, nommé Cadet, im-
.pliqué dans un grave procès, qu'il avait secouru dans sa
détresse, et dont il avait obtenu la réhabilitation après
une lutte de deux années.

Il jouissait en grand seigneur de cette fortune acquise
par son travail, et il vivait avec ce faste que les mœurs
nouvelles autorisaient, et dont le célèbre Normand avait,
au commencement du siècle, donné l'exemple à ses confrères. Sa maison de la rue des Saints-Pères était le
rendez-vous de l'élite de la société parisienne. Le salon
du grand avocat était une sorte de terrain neutre où se
rencontraient la noblesse, la haute bourgeoisie, le clergé,
la finance, la magistrature, le barreau, les artistes et les
littérateurs les plus en renom de l'époque.

« Gerbier, nous raconte un de ses contemporains,
n'était plus chez lui cet orateur passionné, majestueux,
qui entraînait tout par la magie de sa parole; c'est un
homme doux, affectueux, légèrement enjoué, dont les
manières étaient aussi simples que le costume. Sa voix,
si éclatante et si sonore lorsqu'il se dressait sous les
voûtes imposantes de la grand'chambre, avait chez lui
un timbre pur et flatteur, et rien dans son geste, dans
son attitude, ne décelait l'orateur habitué à vaincre et à
dominer. Gerbier, au milieu du luxe qui l'environnait,
était moins beau que sur son banc d'avocat; mais il n'était
pas moins admirable; car le cœur de l'homme de bien,
du philosophe, se trahissait en toutes choses; de beaux
vers, une belle pensée, le récit d'une noble action atten-
drissaient jusqu'aux larmes celui qui avait reçu de Dieu
le secret de les faire couler avec tant d'abondance. »

Sa bonté, sa générosité, la simplicité de son esprit et de son cœur, la facilité charmante et l'entier abandon qu'il savait apporter dans le commerce de la vie, lui avaient attaché quelques amis véritables, dans l'intimité desquels il aimait à se trouver. Il allait avec eux se délasser de ses travaux dans sa belle terre de Franconville où il se livrait avec bonheur à sa passion pour l'agriculture.

Les événements politiques qui, à la fin de l'année 1770, bouleversèrent le Palais d'une manière si inattendue, vinrent subitement interrompre le cours de cette existence jusque-là si paisible et si heureuse.

La lutte engagée entre le Parlement et l'autorité royale, qui avait rempli tout le commencement du dix-huitième siècle du bruit et du scandale de ses mille incidents, était arrivée peu à peu à cet état de violence où une crise devenait inévitable. Les parlements, qui voulaient être, suivant leur expression, *des États généraux au petit pied,* avaient fini par se poser nettement en face du roi comme un pouvoir modérateur dont le contrôle avait le droit de s'étendre sur l'administration générale du royaume. Poussés par l'esprit de parti, ils refusaient souvent systématiquement les édits de finances présentés à l'enregistrement et qui n'étaient que trop nécessaires pour combler le déficit sans cesse croissant du Trésor. Les moyens de rigueur tentés par le gouvernement, lits de justice, lettres de cachet, exils, échouaient devant l'obstination persévérante des cours souveraines, toutes liguées entre elles et menaçant d'opposer à la violence et aux coups d'État, la démission en masse de tous les magistrats et la suspension générale de la justice.

Le roi était souvent réduit, par cette opposition insurmontable, à une impossibilité presque complète de gouverner. L'irritation de la cour était extrême. Même parmi les parlementaires, il ne manquait pas d'hommes indépendants que l'esprit de parti n'aveuglait pas et qui trouvaient que la résistance du Parlement avait dépassé toute mesure. L'agitation des esprits, l'affaiblissement visible du principe monarchique, l'imminence d'une catastrophe les effrayaient, et ils souhaitaient que le roi *tirât sa couronne du greffe*.

Le chancelier Maupeou tenta cette difficile entreprise. C'était un homme actif, ambitieux, autrefois premier président du parlement de Paris et peu aimé de ses anciens collègues dont il n'avait jamais soutenu les prétentions.

L'édit du 7 décembre 1770 ouvrit les hostilités. Il défendait au Parlement de se servir de l'expression de *classes* pour désigner les différentes cours établies dans le royaume; de cesser le service; de donner des démissions en corps, sous peine de perte et de privation des offices; de rendre aucun arrêt pouvant entraver l'exécution des édits une fois enregistrés.

Le Parlement refusa à l'unanimité l'enregistrement de cet édit qui le réduisait à peu près au rôle d'une simple cour de justice. Il rédigea une délibération, demandant au roi de lui rendre ses fonctions ou de recevoir l'offre unanime que les magistrats lui faisaient de leur état et de leur tête. Pour toute réponse, le roi ordonne de reprendre les audiences ; il refuse d'entendre le premier président. Le Parlement s'obstine dans sa résistance et, en suspendant le service, encourt l'application des dispositions de l'édit. C'était le moment attendu par M. de Maupeou. Il fait rendre, le 21 janvier 1771, par le conseil du roi, un arrêt qui déclare tous les offices acquis et confisqués, et qui ordonne qu'il sera immédiatement pourvu à nommer des officiers de la cour. Le 22 janvier tous les conseillers en masse sont exilés.

Le Parlement anéanti fut remplacé d'abord par une commission de conseillers d'État, comme en 1753. Le chancelier lui-même vint l'installer à la grand'chambre le 24 janvier. Mais aucun avocat ne s'y présenta. Les causes étaient appelées par l'huissier au milieu des huées et des éclats de rire.

Cet état de choses dura presque trois mois. Dans cet intervalle, le chancelier s'occupait de reconstituer l'ancienne magistrature sur des bases nouvelles. Il y introduisit toutes les réformes que, depuis longtemps, l'opinion publique réclamait : il diminua considérablement l'étendue de l'ancien ressort du parlement de Paris par la création de six cours souveraines, sous le nom de conseils supérieurs; supprima les épices et la vénalité des charges de judicature; donna la nomination des conseillers au roi, qui devait les choisir sur une liste de trois candidats présentés par la cour, et imposa comme conditions pour la nomination, l'âge de vingt-cinq ans et cinq ans d'exercice au barreau ou dans une juridiction inférieure; enfin il réforma la procédure.

Louis XV consacra solennellement l'œuvre du chancelier dans le lit de justice qu'il tint à Versailles le 15 avril 1771. Il y proclama l'abolition définitive de l'ancien Parlement et installa les conseillers qu'il venait de nommer. Puis il termina la séance par ces paroles : « Vous venez d'entendre mes intentions; je veux qu'on s'y conforme. Je vous ordonne de commencer vos fonctions lundi. Mon chancelier ira vous installer. Je défends toute délibération contraire à mes volontés et toute représentation en faveur de mon ancien Parlement; car je ne changerai jamais. »

Le même jour, le chancelier vint au Palais faire l'installation du nouveau Parlement, si connu dans l'histoire sous le nom de *Parlement Maupeou*.

En même temps, la province ayant voulu s'insurger contre cet état de choses, les parlements de Toulouse, de Besançon et de Rennes furent supprimés dans le cours de l'année 1771 et reconstitués comme l'avait été celui de Paris. Tous les autres reçurent des modifications.

Il est impossible d'imaginer la fureur qui éclata dans toute la France à la nouvelle de cette révolution. Tout le parti de l'opposition parlementaire et janséniste se déchaîna avec une violence inouïe contre le chancelier, contre les nouveaux magistrats et contre le pouvoir royal lui-même. Les Mazarinades et tous les écrits de la Fronde pâlissent auprès des pamphlets publiés en 1771 et dans les années qui suivirent. Jamais l'opinion publique n'avait été portée à un tel état de surexcitation. On méconnaissait l'utilité des réformes introduites par le chancelier dans l'organisation de la magistrature, pour ne voir que le triomphe du pouvoir absolu et d'une autorité royale sans contrôle. Il aurait été facile de fermer la bouche aux mécontents en convoquant les États généraux; on laissa entendre qu'on pourrait peut-être le faire; mais on se garda bien de les réunir. Car ce n'était pas dans l'intérêt de la liberté, que la Cour avait détruit l'opposition parlementaire.

Le chancelier tint tête à l'orage. Afin de pouvoir se passer des avocats, il avait donné aux procureurs le droit de plaider. Le roi, de son côté, avait décidé la plupart des pairs du royaume, dont l'opposition avait été tout d'abord d'une extrême vivacité, à se soumettre et à reconnaître le nouveau Parlement.

Mais l'opposition la plus difficile à vaincre fut celle du barreau. Les procureurs, investis du droit de plaider, n'avaient pas acquis pour cela la confiance des parties, et l'ordre tout entier refusait obstinément de paraître aux audiences, qui ne s'ouvraient guère que pour être immédiatement fermées. « Tout irait bien pour le chancelier, disait-on, s'il parvenait à faire taire les femmes et à faire parler les avocats. »

La fin de l'année se passa ainsi, sans qu'un seul d'entre eux se fût détaché de la masse, pour se faire une situation particulière. Cependant le nouvel état de choses s'affermissait tous les jours davantage. Le Parlement, prenant son rôle et ses fonctions au sérieux, avait opposé d'énergiques remontrances à l'enregistrement des édits de finances qui lui avaient été présentés. L'opinion publique, toujours si versatile à Paris, commençait à revenir de sa première émotion. Voltaire et le parti philosophique applaudissaient à l'œuvre de M. de Maupeou et la soutenaient de toute leur influence, en haine des anciens magistrats qui ne leur avaient pas épargné les condamnations et les rigueurs. Le retour des anciens parlementaires semblait de plus en plus impossible; un certain nombre d'entre eux, désespérant même d'être jamais rétablis, s'étaient déterminés à demander la liquidation et le remboursement de leurs charges. Dans cette situation, il devait être enfin permis aux avocats de cesser une résistance inutile. Ils avaient assez longtemps prouvé leur dévouement à leurs anciens magistrats. Pourquoi auraient-ilsprolongé davantage le sacrifice de leur état pour une cause abandonnée? Ils n'étaient engagés à aucun point de vue dans cette affaire. La révolution de 1771 n'avait eu pour but et pour effet que d'enlever au Parlement son rôle politique. Ni l'honneur, ni l'indépendance du barreau n'avaient subi la plus légère atteinte. Et quant aux intérêts de la justice, loin d'avoir été compromis, on peut dire qu'ils n'avaient jamais été plus pleinement assurés que par les réformes introduites dans l'organisation de la magistrature.

Il ne faudrait pas croire non plus, que, si les avocats avaient fidèlement suivi jusqu'alors la fortune de l'ancien parlement, ils approuvaient tous également sa conduite. Comme dans tous les corps un peu nombreux, il y avait le parti des ardents et des impatients qui faisaient rage pour le jansénisme et contre le pouvoir absolu, et poussaient aux mesures extrêmes l'ordre tout entier. Mais il y avait aussi les esprits prudents qui se taisaient, tergiversaient, s'abstenaient et suivaient à regret. Barbier, l'auteur des célèbres Mémoires sur le règne de Louis XV, était du nombre de ces derniers. « Je crois, disait-il, qu'il faut faire son emploi avec honneur, sans se mêler d'affaires d'État sur lesquelles on n'a ni pouvoir, ni mission. » Aussi, ne pouvait-il s'empêcher de penser que

le roi n'avait pas tout à fait tort, quand il recourait aux
mesures extrêmes pour vaincre la résistance du Parlement. « Il est certain, disait-il, que, dans ces sortes d'affaires, ceux qui ont la force en main doivent, coup sur
coup, entreprendre des actions publiques et violentes.
Cela, il est vrai, anime les braves; mais, comme le plus
grand nombre est des craintifs, cela intimide la plupart,
déconcerte leurs menées, et rompt les partis qui pour-
raient se former. En général, il est toujours dangereux
à un sujet de jouer avec son maître; il ne faut pas jouer
de son mieux, crainte qu'il ne se fâche et qu'il ne jette
les cartes au nez. »

Un grand nombre pensaient comme Barbier et se trouvaient d'autant plus prêts à se rendre. Aussi, à la rentrée
de 1771, plus de trois cents avocats, ayant à leur tête de
Lambon, l'un des plus anciens et des plus respectables
bâtonniers de l'ordre, parurent à la barre pour y prêter
le serment; et, parmi eux, quelques-uns des plus célèbres, comme d'Outremont, Caillard, Legouvé, Tronchet,
Estienne, Martineau, Cochin, Linguet.

Gerbier résistait encore. Ce ne fut que plus tard que,
cédant aux instances qui lui étaient faites, il consentit à
rentrer au palais. On eut cependant l'injustice de l'accuser d'avoir donné le signal de la défection et entraîné
ses confrères par son exemple; et c'est contre lui que se
tourna toute la haine des parlementaires. « On a dit,

écrivait-il en 1775, on répète encore, que ce fut par mes
conseils et même par mon impulsion que beaucoup d'a-
vocats parurent à cette rentrée. C'est le comble de la ca-
lomnie et de la méchanceté. J'étais à Paris, le jour de la
Messe rouge 1771. Je vis quelques-uns de mes amis. Loin
de les engager à rentrer, je leur déclarai formellement
qu'on ne me reverrait plus au palais. Dans cet instant, je
tenais plus que jamais à une résolution prise par sentiment, et je fermais les yeux sur toutes les considérations
qui auraient pu me déterminer à suivre l'exemple des
autres. Les affiches mises sur la porte de ma maison
furent un témoin non suspect de mon intention. Aussi, me
furent-elles alors reprochées comme un crime. Les ennemis de la magistrature prétendirent que ces affiches
étaient l'étendard de la révolte que je voulais exciter
dans mon ordre. Aujourd'hui, c'est la désertion d'une
partie de cet ordre qu'on voudrait que j'aie provoquée!
N'en est-ce pas assez pour justifier ma conduite? Et faut-il
que j'ajoute ici le tableau de la triste situation dans laquelle je me trouvais? Une sœur qui avait eu le malheur
de déplaire au gouvernement; une fortune dérangée par
des événements imprévus, et surtout par la réduction des
effets royaux qui en faisaient la meilleure partie; une
femme, des enfants assez courageux pour partager mes
malheurs, mais d'autant plus dignes de m'émouvoir, de
m'attendrir, de m'intéresser? Je tais des circonstances

plus touchantes encore. Deux de mes plus respectables
confrères furent dans ce moment les témoins de l'agitation de mon âme et les dépositaires de la pureté de mes
intentions. MM. Lepaige et Pinault se rappellent que j'osai
demander pour condition de ma rentrée particulière,
qu'on voudrait bien affranchir ceux de mes confrères
qui, comme moi, n'avaient paru ni à la Messe rouge ni
au greffe, des conditions qu'on exigeait d'eux pour de-
meurer inscrits sur notre tableau. Ils savent que cette
condition, qui fut acceptée, fut un de mes motifs déter-
minants pour rentrer au palais. Ils ont dit enfin, à qui a
voulu l'entendre, que c'était à moi que l'on devait
que notre tableau fût demeuré dans toute son inté-
grité. »

Telle avait été la conduite de Gerbier dans la situation
difficile qu'avait faite au barreau la révolution de 1771.
Respectueux envers l'autorité royale, tout en demeurant
fidèle à l'ancien Parlement, il avait fait preuve d'une
modération d'esprit et d'une prudence de conduite qui
auraient dû lui concilier tous les suffrages. Mais quelle
justice attendre de ceux qui se laissent gouverner par
l'esprit de parti?

Lorsque Louis XVI, montant sur le trône en 1774,
crut devoir faire à une certaine portion de l'opinion publique le sacrifice de l'œuvre déjà solidement assise du
chancelier, les magistrats rappelés et les avocats qui,

fidèles à leur fortune jusqu'à la fin, revenaient avec eux triomphants, poursuivirent de leurs ressentiments tous ceux qui s'étaient ralliés au parlement Maupeou. Gerbier fut la première victime de ces rancunes mal dissimulées. Sa défection avait été plus sensible que toute autre aux parlementaires exilés. On opposait à ce qu'on appelait *sa trahison*, l'inflexible fermeté de Target, qui n'avait jamais voulu se rendre, et que Beaumarchais appelait : *la Vierge du palais*. Quelques insensés allèrent même jusqu'à provoquer sa radiation du tableau!

Les ennemis de Gerbier profitèrent habilement de ces circonstances pour lui susciter les plus cruels ennuis. Coup sur coup, deux procès lui furent faits, qui mettaient gravement en cause son honneur et sa probité.

Gerbier avait eu à examiner, comme membre du conseil du prince de Conti, une demande d'indemnité formée par deux anciens fermiers du prince, les frères Michelin. Le conseil l'avait unanimement rejetée. Ils accusèrent Gerbier d'avoir soustrait les titres de leur réclamation et de les avoir jetés au feu, et ils le traduisirent au Châtelet puis au Parlement. Gerbier démontra qu'ils n'avaient jamais eu aucun titre à l'appui de leurs prétentions; ils perdirent leur procès, mais après en avoir tiré tout le scandale qu'ils avaient pu.

L'autre affaire eut un retentissement plus grand encore. Gerbier avait été, en 1772, le conseil d'un sieur Tort, poursuivi par des banquiers anglais pour des opérations malheureuses sur les fonds publics. Tort était le secrétaire de M. le comte de Guines, notre ambassadeur à Londres; il prétendit que c'était sur l'ordre et pour le compte de son maître qu'il avait joué, et il l'assigna devant le Parlement. M. de Guines répondit à sa poursuite par une plainte en dénonciation calomnieuse. Gerbier avait, dès le commencement du procès, demandé à Tort de rédiger par écrit tous les faits de la cause, les noms des témoins et les choses sur lesquelles chacun pourrait déposer. Il appelait cela *des projets de déposition,* et en parlait à Tort dans plusieurs lettres qui furent saisies. Aussitôt M. de Guines d'accuser Gerbier d'avoir cherché à suborner les témoins entendus dans l'enquête. Cette imputation n'était pas moins odieuse que ridicule. Gerbier le démontra jusqu'à l'évidence dans deux mémoires éloquents qu'il publia pour se disculper et qui ne sont pas moins remarquables par la vigueur du raisonnement que par l'éclat du style. Sous la dignité et la réserve du langage, on y sent cette émotion contenue qui trahit l'indignation de l'honnête homme injustement calomnié.

Cependant, le 11 février 1775, Gerbier fut, sur la plainte de M. de Guines, *décrété d'assigné pour être ouï.* Le Parlement ne pouvait le condamner; car l'accusation n'avait aucun fondement sérieux. Mais toujours dominé par son ressentiment, il eut la faiblesse coupable de céder à un désir mauvais de vengeance, et, dans son arrêt de 1777, il se borna à mettre Gerbier *hors de cour*. Cette formule signifiait, en matière criminelle, qu'il n'y avait pas assez de preuves pour asseoir une condamnation, mais elle n'équivalait pas à une absolution complète. Gerbier ressentit vivement cet affront. Ce qu'il lui fallait, ce n'était pas un renvoi équivoque, mais une déclaration solennelle de son honorabilité. Se considérant comme frappé d'une sorte de flétrissure morale, il voulut quitter le palais et se faire rayer du tableau. Il fallut que le conseil de l'ordre l'assurât officiellement que l'arrêt du Parlement ne le blessait ni dans son honneur ni dans sa délicatesse. Sur les instances de ses confrères, il consentit à reprendre la robe; mais son âme délicate et sensible avait été mortellement blessée, et jamais il ne put oublier l'injure qui lui avait été faite.

L'instigateur de toutes ces intrigues était l'irascible et vindicatif Linguet. Il n'avait pu pardonner à Gerbier son refus de prendre la parole contre lui dans l'affaire de la comtesse de Béthune. A partir de ce jour, il lui avait voué une haine implacable, et il s'était acharné contre lui avec une violence extrême. Gerbier n'avait fait cependant, dans cette occasion, qu'obéir à une décision prise par ses confrères, le 1ᵉʳ février 1773, de ne plus communiquer avec

Linguet, qui, depuis longtemps, se signalait par les excès intolérables de sa parole. Sans respect pour la dignité de son ministère, il déversait sur ses adversaires l'injure et la diffamation, et étendait jusqu'à ses confrères et même jusqu'aux magistrats les sarcasmes les plus violents, les railleries les plus offensantes. Déjà on avait vu l'avocat général Vaucresson exhorter les jeunes avocats à ne pas prendre Linguet pour modèle « soit dans son peu de délicatesse à présenter comme vrais des faits faux, soit dans son art dangereux de couvrir tout de sarcasmes, et de travestir en satires des plaidoyers faits pour défendre l'innocence ou atténuer le crime, soit dans son audace effrénée à faire des apostrophes indécentes au public, comme pour s'en faire un rempart et forcer les suffrages des juges. » Un arrêt du Parlement du 2 juillet 1773 avait même infligé à Linguet un blâme sévère et lui avait adressé pour l'avenir un avertissement pressant.

Pour l'honneur du barreau, il fallait réprimer ce funeste exemple qui déjà ne trouvait parmi les jeunes avocats qu'un trop grand nombre d'imitateurs, et que les applaudissements prodigués à Linguet par la malignité publique rendaient plus contagieux encore. De là cette querelle scandaleuse qui mit, pendant plus d'une année, tout le palais en combustion, et qui aboutit enfin pour Linguet à sa radiation du tableau le 29 mars 1775.

Bien que Gerbier n'eût joué dans toute cette triste

affaire aucun rôle personnel, qu'il eût plutôt cherché par tous les moyens à ramener Linguet à son devoir et à calmer l'irritation de ses confrères; c'est cependant contre lui que Linguet, dans les écrits qu'il publia pendant cette lutte orageuse, dirigea principalement ses attaques, le dénonçant à l'opinion publique comme le principal auteur de sa disgrâce, et répandant contre lui les calomnies les plus atroces. En même temps, faisant cause commune avec les autres ennemis de Gerbier, Linguet rédigeait lui-même les plaintes et les mémoires des frères Michelin et de M. de Guines.

Gerbier ne fut pas assez philosophe pour s'élever au-dessus de ces méprisables attaques. Abreuvé d'ennuis et de dégoûts, ne trouvant d'appui ni chez les magistrats, ni même chez ses confrères, il quitta le palais en 1775 et acquit la charge d'intendant des finances de Monsieur. C'est à cette époque, qu'invité par Monsieur à présenter une justification complète de sa conduite, il écrivit un Mémoire où il examinait l'une après l'autre toutes les accusations portées contre lui par Linguet dans les pamphlets qu'il avait déjà publiés.

Sa réponse fut aussi victorieuse et aussi modérée que les attaques dont il avait été l'objet étaient injustes et violentes : « Vous ne sauriez croire, écrivait Voltaire à madame de Sauvigny, quel plaisir vous m'avez fait en voulant bien m'envoyer le mémoire de M. Gerbier. Je m'intéresse à sa gloire, et je ne vois pas comment on pourrait l'attaquer après la lecture d'un tel écrit. Il est sage et vigoureux ; il ne court point après l'esprit, il ne court qu'après la vérité, il la saisit avec la vraie éloquence, qui n'est pas celle des jeux de mots. J'ai été fort aise de ne point trouver là le verbiage éternel du barreau. La plupart des avocats parlent toujours comme l'Intimé. »

Mais avec un adversaire comme Linguet, la lutte était forcément inégale. Linguet était bien le polémiste le plus forcené que l'on pût imaginer. Il n'y a peut-être pas un homme célèbre de son temps qu'il n'ait poursuivi de ses diatribes : « Quoique indulgent par caractère, disait-il, je deviendrai vindicatif par raison. Je m'aperçois qu'on n'est ménagé dans le monde qu'autant qu'on y paraît méchant. » Maniant la plume avec une facilité prodigieuse, il avait mis sérieusement cette maxime en pratique. Il est curieux de voir Voltaire lui-même l'accueillir à Ferney avec une politesse où la crainte de s'en faire un ennemi avait plus de part que l'estime et l'affection. « Je l'ai eu sur les épaules, disait le vieux philosophe, comme un fagot d'épines ; je n'ai pas eu la force de le secouer, tant je craignais, en le jetant par terre, d'en être déchiré. » Linguet répondit à Gerbier par un nouveau pamphlet plus violent et plus cruel encore que tous les autres, et s'acharna contre lui jusqu'au dernier moment.

Gerbier ne reparut au palais que dans les premiers mois

de 1776. Il y remporta encore de brillants succès. Mais les chagrins que ces cruelles épreuves lui avaient causés empoisonnèrent la fin de sa carrière.

On aimerait à croire que, sous l'influence du temps, les divisions produites au sein du barreau par les événements de 1771 et de 1774 avaient fini par s'effacer. Il n'en fut point ainsi. Jamais le parti des parlementaires ne pardonna complétement à Gerbier sa prétendue défection, et, jusque dans les dernières années de sa vie, il fut en butte aux mesquines vengeances de l'esprit de parti, de la jalousie et de la médiocrité. Lorsque l'Académie française, désireuse de compter parmi ses membres un représentant de cette éloquence judiciaire qui, depuis tant d'années, jetait sur la France un si vif éclat, porta ses regards sur Gerbier, dont elle admirait le talent oratoire, ses confrères, obéissant encore une fois à leurs rancunes politiques, refusèrent d'autoriser sa candidature, et ils ne consentirent à lever que pour Target la barrière qui les séparait depuis si longtemps de l'illustre compagnie. Bien des années après, le cardinal Maury, élu pour la seconde fois et succédant à Target, rappelait à ses collègues l'injustice dont Gerbier avait été la victime, et, pour venger sa mémoire, il rendait un éclatant hommage au grand orateur dont l'Académie avait toujours regretté de n'avoir pu s'associer la gloire.

Tant de rigueurs semblèrent à la fin avoir épuisé les

ressentiments des confrères de Gerbier; il fut élu par eux bâtonnier en 1787; mais il ne survécut que quelques mois à sa nomination. Depuis plusieurs années déjà, sa santé était languissante; dévoué cependant à ses travaux jusqu'à la dernière heure, il signait, un mois avant sa mort, une consultation importante pour les actionnaires de la Compagnie des Indes. Mais il ne put achever son bâtonnat, et il mourut le 26 mars 1788, âgé de soixante-deux ans.

Le barreau eut à peine le temps de sentir le vide immense que la disparition du plus grand de ses orateurs avait laissé dans ses rangs. Deux ans après, le Parlement, supprimé par l'Assemblée constituante, entraînait dans sa chute l'ordre des avocats. Ainsi s'éteignit avec Gerbier cette glorieuse école parlementaire dont l'histoire avait été si féconde, l'influence sur les progrès de l'éloquence si considérable. De nos jours, à la faveur d'une liberté croissante, le barreau a vu ses destinées s'agrandir, sa puissance s'accroître; des renommées éclatantes ont illustré les débuts de l'école moderne. Mais rappelons-nous, Messieurs, que nos pères avaient tracé devant elle la voie dans laquelle elle a pu s'avancer avec tant d'éclat, et que le nom de Gerbier demeure à jamais parmi nous, protégé par notre admiration contre la mort et contre l'oubli!

APPENDICE

Nous sommes heureux de pouvoir donner à cette étude sur Gerbier, que nous avions dû entreprendre et achever sans le secours d'aucun document original, un complément aussi utile qu'inattendu, par la publication de plusieurs lettres, d'un caractère intime, inédites pour la plupart, et dont M. Benoît, conseiller à la cour d'appel de Paris, a bien voulu nous donner communication.

Les deux premières lettres sont adressées par Gerbier à sa fille, madame la comtesse de la Saumès. Son âme tendre et enthousiaste s'y peint tout entière. Élevé par ses parents dans les sentiments d'une grande piété, ses occupations multipliées, ses succès, les distractions et les plaisirs du monde au sein d'une société à l'esprit sceptique et léger, l'avaient tenu pendant quelque temps éloigné des pratiques de la religion; l'âge, l'expérience et les malheurs l'y ramenèrent peu à peu dans les dernières années de sa vie.

Dès 1783, il écrivait de Franconville à sa fille :

« Je suis ici entre des incrédules et des demi-croyants.
Je ne rougis point, grâce à Dieu, de ma foi, et je la défends
comme je puis. Mais ces gens-là ont bien de l'avantage
sur nous. La religion perd toujours lorsque c'est l'esprit
qui veut la juger. Il faut être *pauvre d'esprit* pour se soumettre à ses mystères et même à ses grandes vérités. Prie
Dieu, ma chère fille, qu'il soutienne ma foi; qu'il me
défende contre ces fausses lueurs, qui sont prêtes souvent
à l'ébranler. C'est un don de sa miséricorde qu'on n'obtient
que par l'humilité et par la prière. »

Quatre ans plus tard; en 1787, Gerbier écrivait de
Versailles à sa fille.

« Tu me fais parfois languir et jeûner, ma bonne petite.
Mais combien ta dernière lettre m'a dédommagé; et
qu'elle m'a fait de plaisir! Je la lis et relis. Le bonheur
que tu éprouves coule doucement dans mon âme. Je
pleure de plaisir; je désire de t'imiter, de retourner à
Dieu, comme tu y es retournée. Le meilleur sermon ne
ferait pas sur moi l'effet que me fait ton exemple. Enfin
si je languis dans ma conversion, je bénis le Ciel de tout
mon cœur des affermissements continuels qu'il donne à
la tienne; et je me réjouis de ta piété, comme si je

l'éprouvais moi-même. Ah! ma chère amie, ne t'écarte jamais de cet heureux sentier de la vertu. Le bonheur, la paix, l'ordre, la consolation y suivent tous tes pas..... Que ne puis-je t'en dire autant pour mon compte et pour ta consolation! — Je ne quitte plus Versailles..... J'y suis, comme tu l'imagines bien, occupé à de grandes choses..... Mais ce n'est pas le lieu que doit habiter un vieil pécheur qui désire de se convertir. J'ai la tête trop occupée; je suis trop distrait des œuvres de piété et de religion. Le bon curé m'attend; il prie pour moi. Ne cesse d'en faire autant; j'ai besoin qu'on fasse violence au Ciel pour moi. Je suis enchanté que la santé de ton mari soit meilleure. Tu m'en dis tant de bien, que je finirai par l'aimer autant que tu l'aimes. Il est sûr que c'est une bonne pâte d'homme. Cette pâte deviendra encore meilleure quand Dieu la pétrira et l'attirera tout à fait à lui. Oh! oui, il n'y a de bonté qu'en Dieu et par Dieu! »

L'indépendance, alors un peu ombrageuse, du barreau vis-à-vis de la magistrature, se manifeste fièrement dans la lettre suivante, écrite par Gerbier, en 1763 ou 1764, à M. de la Porte de Meslay, avocat du roi au Châtelet, qui depuis fut maître des requêtes, intendant du Roussillon et de Lorraine :

« On prétend, Monsieur, que vous avez dit assez publiquement que j'avois été vous faire des excuses au sujet de ce qui s'est passé à la grand'chambre, dans la cause de M. de la Pouplinière. Ce propos est trop léger pour que je puisse croire qu'il vous soit échappé; et vous avez trop de discernement pour avoir pu confondre avec des excuses les choses honnêtes que mon cœur et mon pur mouvement m'ont dictées, le jour que je vous rencontrai par hasard au parquet du Châtelet. Je ne rougirois point de vous en faire, si je m'étois mis dans ce cas; et je n'ai jamais regardé comme un sujet de honte l'aveu et la réparation d'une faute. Mais je n'en ai point à me reprocher, Monsieur, vis-à-vis de vous. J'ai dit que vous aviez accepté comme vrai un fait que je dénie. Je l'ai dit d'après tout le public qui l'a entendu comme moi ; je l'ai dit dans des termes qui ne devaient pas vous blesser, et qui, de votre aveu, ne vous ont fait aucune impression dans le moment. Je l'ai dit d'ailleurs devant Messieurs de la grand'chambre, qui, seuls, ont droit de trouver bon ou mauvais ce que je plaide devant eux. Ainsi, Monsieur, vous voyez que j'ai sujet de m'offenser des propos qu'on fait courir à cette occasion; et j'ose me flatter que vous les jugerez aussi indignes de vous qu'ils le sont de moi.

« J'ai l'honneur d'être, avec respect, Monsieur, votre très-humble et très-obéissant serviteur.

« GERBIER. »

Le billet suivant est adressé, en 1781, par Gerbier à un de ses confrères, M* Turpin (cour de Lamoignon).

« Vous m'avez un peu maltraité ce matin, mon aimable camarade. Mais je ne vous en veux point, quoiqu'il y ait entre nous deux cette différence, que vous méditez et écrivez ce que vous dites, au lieu que je me laisse aller à mon imagination. Envoyez-moi, je vous prie, par le porteur, les deux lettres de M. de Bouillon, que vous avez lues ce matin.

« Tuissimus,

« GERBIER. »

Autre lettre adressée par Gerbier à un de ses confrères, M\e Sabarot, le 10 janvier 1784 :

« Enfin, Monsieur, je vous ai lu. Et peut-être ce seroit vous en dire assez que de vous avouer que vous m'avez vaincu. Mais je vous dois un autre hommage que celui de la conviction. J'ai admiré votre manière d'écrire, votre logique, votre netteté. Ce n'est pas un mémoire, c'est la dissertation d'un jurisconsulte profond et éclairé. Vous commencez comme les autres finissent. Sûrement, vous honorerez votre carrière. Jugés si je désire faire connoissance avec vous. Vous m'avez promis par votre lettre de venir me voir; je vous le demande comme une grâce. Je

suis déjà bien flatté d'être votre confrère ; je le serai bien
davantage si je puis devenir votre ami.

« J'ai l'honneur d'être avec un respectueux attache-
ment, Monsieur, votre très-humble et très-obéissant serviteur.

« GERBIER . »

Les cinq volumes manuscrits, contenant les notes de
plaidoiries de Gerbier, et qui ont été brûlés, en 1871, dans
l'incendie du Palais de justice, avaient été achetés par un
libraire, nommé Royer, lors de la vente des livres ayant
appartenu à Hérault de Séchelles. Royer les vendit à
M. Delamalle, avocat, plus tard conseiller d'État. A la
mort de M. Delamalle, le libraire Labitte, qui avait été
chargé de vendre sa bibliothèque, oublia de les porter
sur le catalogue et ils passèrent inaperçus. Adjugés au
libraire Videcoq, celui-ci les céda bientôt à son confrère
Warée, en échange de livres estimés 140 francs. Warée,
éclairé sur l'importance des documents arrivés ainsi en
sa possession, voulait réunir en un volume les fragments
les plus importants. Il en demanda l'autorisation à
madame la comtesse de la Saumès, fille de Gerbier et
son unique héritière. Celle-ci hésita quelque temps, s'en-
toura des conseils de personnes éclairées et enfin écrivit
à Warée, le 3 novembre 1835, une lettre dans laquelle
elle opposait à sa demande un refus formel et définitif.

C'est alors que Warée vendit ces manuscrits à la bibliothèque des avocats. Ils n'ont donc jamais été publiés. On
en retrouve seulement quelques courts fragments dans
l'histoire du Barreau de Paris par M. Gaudry, et dans le
Catalogue des OEuvres de Gerbier, dressé par M. Haureau,
membre de l'Institut, bibliothécaire de l'ordre des avocats,
et imprimé en 1863.

PARIS. TYPOGRAPHIE DE E. PLON ET Cie, RUE GARANCIÈRE, 8.